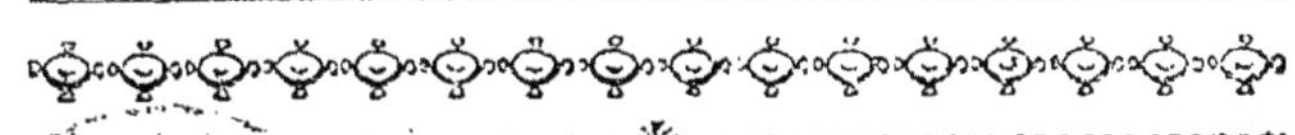

RELATION

De l'empoisonnement du Père JOSEPH de Lahitte-Toupière, ex-capucin, desservant de Bosdarros, canton de Pau (ouest), sous le nom de JEAN SEMPÉ, prêtre, adressée par lui-même au plus endurci des ses persécuteurs.

POURRIEZ - VOUS persister encore, Monsieur, dans les doutes que vous avez manifestés sur la réalité de mon empoisonnement ? Pour vous en convaincre, serait - il nécessaire de vous déduire la somme des degrés de probabilité, bien plus que suffisante pour en établir, non-seulement la vraisemblance, mais encore la certitude incontestable, aux yeux de tout juste estimateur ?

Je conviendrai que cet attentat, aussi horrible en lui-même que sacrilège dans son exécution, a paru d'abord incroyable à tous ceux qui en ont entendu parler ; parce qu'il fallait être plus perfide que Judas et plus impie que Balthazar pour le concevoir, plus cruel que Néron et plus scélérat que Robespierre pour l'exécuter. Il ne s'en est point commis de semblable depuis le siècle de Caïn jusqu'à nos jours.

Pour l'honneur de la religion et de l'humanité, je me serais abstenu d'en parler ouvertement, si la malice infernale de l'empoisonneur et complices n'eût entrepris de faire attribuer à une maladie honteuse, le dérangement extraordinaire de ma santé, dans l'espoir criminel d'écarter tout soupçon d'empoisonnement, et de me ravir la vie civile tout comme la vie naturelle.

Est-ce pour cette raison que vous n'avez pu vous déterminer à me faire une visite, ni à me demander comment je me trouvais, soit avant mon départ pour Cauterets, soit depuis mon retour ? Aviez-vous jamais reçu aucun mauvais compliment de ma part, ni chez moi, ni ailleurs ? Quand vous changiez de couleur en me regardant, quand vous baissiez les yeux chaque fois que vous rencontriez les miens, quand vous ne vouliez point entendre parler du mal dont je me plaignais, était-ce par l'effet de la peine que vous aviez de me voir tout défiguré, courbé, et presqu'entièrement perclus ?

Dans le cours de ma maladie, depuis le commencement de mil huit cent seize jusqu'à présent, avez-vous jamais pu voir mes yeux rouges, ni mes paupières calleuses ou ulcérées? Avez-vous jamais pu apercevoir des tubercules durs, calleux, aux environs de mon nez, du front et des tempes ? Avez-vous jamais vu mes ongles inégaux, se détacher des racines, et tomber? En vous approchant de moi dans la sacristie, à l'autel et ailleurs, avez-vous jamais senti mon haleine corrompue, ni pu remarquer que ma voix fût devenue rauque, ni que j'eusse une toux sèche et humide, ni des crachemens de sang? Avez-vous jamais compris enfin, qu'aucun officier de santé ait dû faire usage d'aucune espèce de mercure pour me guérir ?

Si personne n'a pu apercevoir en moi le moindre symptôme de la maladie de Naples , ni des gouttes , ni des rhumatismes , dont l'empoisonneur et complices prétendaient que j'étais atteint, sur quoi pourriez-vous fonder votre pirrhonisme relatif à mon empoisonnement ? Quel intérêt pourriez-vous avoir d'ailleurs à y persister ? N'auriez-vous pas mieux fait de vous prononcer contre cet horrible attentat , aussi fortement que tous ceux qui en ont entendu parler de près ou de loin ? Voudriez-vous justifier les soupçons qui planent sur votre tête , en résistant encore à l'opinion générale bien fixée sur ce point ?

Quoiqu'il en soit, j'espère parvenir du moins à vous convaincre, si je ne peux réussir à vous persuader. A cet effet , je devrai remonter à l'époque de mon arrivée à Bosdarros en mil huit cent dix ; ce qui fera que je ne pourrai pas être aussi succint que je le voudrais pour plus d'une raison.

Dans les divers âges de ma vie , depuis mil sept cent soixante - deux jusqu'alors , j'avais éprouvé des fièvres tierces , quartes et malignes, mais jamais des coliques d'estomac, ni des convulsions , ni des vomissemens. Le surlendemain de mon arrivée , je fus averti de prendre garde aux burettes , et à ce qu'on pourrait m'offrir dans une maison dont le maître avait, disait-on , été empoisonné par ses frères !.... Je crus devoir vous en parler environ quatre ans après , en vous observant qu'on avait voulu me faire entendre d'autres choses tellement révoltantes , que la charité chrétienne ne m'avait pas permis d'y ajouter foi. Un honnête homme ne croit pas facilement ce qu'on lui dit contre le prochain.

Cependant , j'avais éprouvé déjà des coliques

d'estomac que j'attribuais à sa paresse, ainsi qu'à l'imprudence de ne point attendre qu'il eût bien rempli ses fonctions, avant de me livrer à des applications sérieuses : je crus même qu'elles avaient été occasionnées par les peintures que je faisais dans l'église de tems en tems. Mais ces coliques, assez rares dans les six premières années, devinrent fréquentes dans le mois de janvier 1816. Sans faire attention aux ennemis qui me poursuivaient depuis quelque tems, assez ouvertement pour être soupçonnés capables de tout, ni aux charitables avertissemens qui m'avaient été faits en 1810, j'attribuai les indigestions, les coliques et les dévoiemens, au vin rouge dont je me dégoûtai entièrement.

Quoique j'en eusse pris de plus diuretique et de plus digestif, je dus essuyer les mêmes accidens et je finis bientôt par en être également dégoûté. De tous les vomissemens que j'avais éprouvés, ceux de la veille du dimanche de la Passion et du jour de l'installation du Maire actuel, furent les plus opiniâtres et les plus accablans. Je dus passer le printems et l'été aussi tristement que le carnaval et le carême. Je ne pouvais presque plus rien manger que du fruit. Ne connaissant point la cause de mon mal, je l'attribuai enfin au défaut de la fréquentation des eaux de Cauterets. Après avoir obtenu la permission de m'absenter de la paroisse, j'y fus dans le cours du mois d'octobre, et je me retirai bien portant, sans avoir repris toute fois l'embonpoint que j'avais presqu'entièrement perdu.

Mais environ quinze jours après mon retour, ayant éprouvé les mêmes dérangemens, ils furent attribués au défaut de purgation préparatoire, pour fréquenter les eaux thermales avec succès dans certains cas. Quoiqu'il en soit, l'évènement a démontré que ce n'était pas le mien. Je me trouvai donc enfoncé plus que jamais dans la carrière des souffrances, dont les plus célèbres médecins du pays ne purent deviner la cause. Je consultai d'abord M. Talamon, de Nay, et quelque tems après MM. Laborde et Guichon, de Pontacq : les uns et les autres tendaient au même but dans leurs ordonnances, celui de rétablir mon estomac par des remèdes différens. Je m'en tins à celui de M. Talamon, qui m'avait déjà fait prendre une tisane purgative dont je n'avais aucun besoin, quoique ma langue lui eût paru très-chargée. Je fis donc usage d'une décoction de chicorée sauvage, de feuilles d'oseille et de laitue avec du sel d'epsum, et de quelques doses d'ipecacuanha, au lieu de prendre l'électuaire lénitif qui m'avait été ordonné par M. Laborde.

Malgré ces médicamens, les mêmes crises se renouvelaient : j'avais beau changer souvent de vin, et fermer soigneusement celui que je tenais à la sacristie, je n'en éprouvais pas moins chaque semaine des coliques et des vomissemens après la messe, et jamais avant. Ayant dû faire quelques absences plus ou moins longues, je revenais bien portant; je me croyais guéri; ceux qui me voyaient chaque jour le croyaient également, et me conseillaient de faire des petits voyages par tems, en m'observant que je menais une vie trop sédentaire ; mais peu de tems après chaque retour, et toujours après la messe, je retombais dans le même état, ce qui m'étonnait ainsi que ceux qui en étaient témoins.

J'avais observé à MM. Talamon et Laborde que j'avais la plus grande répugnance à prendre les ablutions ; que j'éprouvais des nausées et des convulsions peu de tems après ; que j'étais non-seulement dégoûté de tous les vins dont j'avais bu à l'autel, mais encore de l'eau des fontaines et des puits : je le disais à tout le monde ; mais je ne sus jamais exprimer le goût d'airain que je ressentais dans l'estomac, dès que j'avais pris les ablutions ; ce ne fut qu'à mon premier retour de Cauterets, sur la fin de juillet dernier, que M. Laborde s'avisa de me demander si j'avais ressenti ce mauvais goût, après que je lui eus fait le narré des divers accidens qui m'étaient survenus, depuis la dernière fois que je l'avais consulté.

Le Dieu de justice qui voulait m'éprouver encore, et faire ressortir de plus fort la perversité de l'empoisonneur, voulut se réserver d'en faire la découverte, afin qu'elle ne pût point être attribuée à la sagacité des plus habiles docteurs, qui ne sauraient rien découvrir s'il ne les éclairait lui-même, lorsqu'il veut guérir les malades par leur ministère, et par l'effet des remèdes qu'il leur fait appliquer. Il a voulu que j'éprouvasse des crises plus ou moins fortes jusqu'aux premiers jours de mai dernier. Le jour des Rameaux, entr'autres, j'éprouvai un vomissement continuel, depuis midi jusqu'à neuf heures du soir. Comme j'étais déjà très-affaibli par les précédens, et par l'assiduité au confessionnal, on ne manqua point de dire que j'avais eu tort de chanter la messe et de prêcher, après avoir entendu soixante personnes au sacré tribunal : mes plus intimes amis m'en firent des reproches ; mais j'ai découvert depuis que j'aurais pu triompher encore de ces fatigues, si le vin que j'avais mis dans le calice n'eût pas été empoisonné dans la sacristie, où je le tenais sous une mauvaise clef.

J'étais déjà tout défiguré, vous ne sauriez en disconvenir ; on me voyait changer de couleur à chaque instant : on a remarqué que vous en changiez aussi par fois, et que vous ne vomissiez cependant point. On était surpris, affligé, en général, de me voir dans un état qui annonçait la dissolution très-prochaine de mon corps exténué. On ne savait guère qu'en penser. Les uns me conseillaient de consulter les médecins, les autres disaient que je me purgeais trop souvent ; tandis que par un rafinement de malice, l'empoisonneur soufflait au tiers et au quart que j'étais rongé par une maladie vénérienne, dont je ne me plaignais point. Voyant que cette calomnie atroce révoltait tous ceux qui me connaissent, pour écarter par d'autres moyens les soupçons de son horrible attentat, il s'avisa de vouloir faire entendre que je finirais par me tuer en prenant trop de remèdes.

Comme je ne pouvais me résoudre à boire au-delà de deux fois du vin empoisonné, tantôt je jetais celui qui restait au fond du bouteillon, tantôt je le vidais dans l'auge des cochons, qui devinrent maigres et chargés de douleurs aux jambes ; tantôt enfin, je le posais sur le buffet de la cuisine, lorsque je m'en trouvais moins dégoûté, et que je le croyais présentable à d'autres, quoique je ne voulusse plus en user à l'autel, le croyant plus ou moins altéré.

Le tems approchait, néanmoins, où le mystère d'iniquité devait être découvert, au moyen des accidens ménagés par la divine providence, attentive à la pralongation de mes malheureux jours , et à déjouer les complots des impies devenus scélérats. Depuis le dimanche de Quasimodo , les crises devenaient plus fréquentes ; tous ceux qui me voyaient et m'entendaient vomir en étaient effrayés. Jeanne Pats , veuve Pique , maîtresse de la moitié de la maison que j'occupe , voulut me faire entendre un jour qu'elle craignait que je ne fusse empoisonné ; bien d'autres personnes se disaient entr'elles , que mes ennemis parviendraient bientôt à leur but ; MM. Lapeyre et Lafranque , officiers de santé , disaient aussi avec raison que j'étais plus malade que je ne le croyais. Quoique je renouvelasse souvent le vin que je tenais dans la sacristie , et que je n'en prisse que très-peu à l'autel , j'en sortais souvent tourmenté par des nausées et des convulsions , dont je n'étais délivré que par les vomissemens qui les accompagnaient heureusement.

Me voyant en cet état , le vingt-neuf avril, dans la sacristie , après avoir fait les cérémonies de l'anniversaire de feu Jean Biers , le sieur Lalanne , instituteur et chantre , voulut de son propre mouvement, goûter le vin dont je me servais à l'autel ; il prit le bouteillon dans l'armoire où je le tenais, il en mit dans la burette pour en observer la couleur , il en versa un peu sur le creux de sa main , il le huma sans y trouver aucun mauvais goût : son fils qui fait les fonctions de sacristain en fit de même ; l'un et l'autre avaient déjeuné et s'en trouvaient très-bien. Ils sentirent néanmoins leur estomac dérangé au sortir de l'église ; et dans le cours de la journée , ils furent tourmentés par des coliques violentes , dont ils ne furent délivrés que par des vomissemens les plus copieux.

J'en éprouvai d'extraordinaires de mon côté, dès que je fus rendu à mon domicile, où je reportai le bouteillon pour renouveler encore le vin. Ma servante le fit boire le lendemain à Jeanne Canton, épouse de Pierre Mathieron, qui était venue pour laver la lessive. Elle ne se plaignit pas d'y avoir trouvé aucun mauvais goût; mais dès qu'elle fut rendue au lavoir, en compagnie de Marie Bergé, épouse de Pascal Larrouy-Mariou, et d'Anne Coustey, veuve de Menjart, qui lavait pour eux, elle changea plusieurs fois de couleur, et se trouva tourmentée d'une colique affreuse ; elle consulta le sieur Lapeyre, officier de santé ; elle se croyait morte, lorsqu'elle parvint heureusement à vomir tout ce qu'elle avait dans son estomac.

Cependant on n'attribua pas encore ces accidens au poison que nous avions avalé, il en falut d'autres pour le découvrir. Ayant renouvelé le vin, je sortis tranquille de l'autel le premier jour de mai. Suivant l'ordonnance de M. Talamon, je pris une dose d'ipecacuanha le lendemain, ce qui fut cause que je ne fus point célébrer la sainte messe ; mais ayant dû faire la cérémonie de l'anniversaire de feu Simon Doumenjou le samedi, jour de l'Invention de la Ste Croix, je me sentis tellement attaqué que je résolus de ne plus monter à l'autel jusqu'à ce que je fusse rétabli, pour prévenir toute profanation occasionnée par des vomissemens semblables à ceux que j'avais tant de fois éprouvés.

Ayant pris le bouteillon en conséquence, je le reportai dans mon domicile, et le posai vite sur le buffet de la cuisine, pour me mettre en position de vomir ; ne le pouvant point comme les autres fois, sentant de plus fortes angoisses, et me croyant sur le point d'étouffer par les efforts inutiles que je faisais, ma servante qui me voyait noir et me croyait perdu, sachant que j'avais quelques grains d'émétique, s'avisa heureusement de me proposer d'en prendre au moins un, à quoi je me déterminai d'abord : je parvins à vomir un instant après ; mais comme je ressentais encore le goût d'airain, j'en pris un autre qui acheva de provoquer l'évacuation, sans laquelle j'aurais infailliblement étouffé.

Quand même j'aurais voulu célébrer la messe le lendemain, je n'en aurais pas eu la force ; cependant, comme nous devions solemniser la fête du patron, je voulus faire un effort pour assister aux vêpres, où l'on me vit changer plusieurs fois de couleur. L'on put s'apercevoir que vous en changiez aussi, et que vous ne me regardiez presque point. Comme vous avez le cœur tendre et compatissant, vous deviez souffrir plus ou moins en me voyant si abattu. Vous n'étiez pas le seul qui parût pénétré de mon triste état : il m'a été dit et affirmé que plusieurs personnes versèrent des larmes, et craignirent de me voir expirer dans le sanctuaire.

Quoiqu'il en soit, je m'abstins de célébrer la messe les trois jours suivans, pour prendre à jeun la décoction qui m'avait été prescrite par M. Talamon. Me trouvant encore assez bien, quoique très-affaibli et incapable de faire des génuflexions complettes ; ne pouvant plus monter seul à cheval, je priai le sieur Jean Miran de m'accompagner jusqu'à Sévignac dans la vallée d'Ossau, où nous portâmes un tableau de S.^t

Pierre que j'avais fait peindre par M. Butay de Pau, à la prière de M. Casaulong, curé-desservant, qui faisait reconstruire le grand autel de son église, et dont il fut très-content.

A peine fûmes-nous partis, le sept de mai, que Marianne Camdegabe, épouse du sieur Tardan, militaire retraité et mon plus proche voisin, vint porter du fil qu'elle avait filé pour moi. Marie Labarthe, ma servante, qui ne boit pas de vin, voyant le bouteillon sur le buffet où je l'avais posé le samedi précédent, et que le vin qu'il contenait encore semblait avoir fermenté, elle en mit quelques gouttes sur sa main pour le goûter avant de lui en offrir ; comme elle n'y trouva aucun mauvais goût, quoiqu'il lui parût plus roux qu'à l'ordinaire, elle lui en présenta avec la même confiance que j'en avais donné moi-même l'avant-veille à Marie Carrey, après qu'elle m'eût remis les emplettes qu'elle avait bien voulu faire pour moi au marché de Pau. Marianne Camdegabe ne s'était pas encore retirée, lorsque Marie Sallenave, veuve Latour, vint quérir d'autre fil pour le blanchir. Comme il restait encore un peu de vin au fond du bouteillon, Marie Labarthe voulut lui faire la galanterie de le lui offrir, en lui témoignant quelque regret de ce qu'il n'y en avait pas davantage ; n'en doutant point, Marie Sallenave se retira dans le doux espoir d'en avoir un peu plus en quelqu'autre occasion.

Aucune de ces trois femmes n'était malade ni sujette à des vomissemens, cependant toutes trois craignirent de perdre la vie peu de tems après avoir bu de ce vin : elles éprouvèrent des nausées et des convulsions, dont elles ne furent soulagées que par les dévoiemens qui se déclarèrent par haut et par bas, tour-à-tour, et simultanément. Marie Carrey se trouva dérangée dès qu'elle fut devant l'église, c'est-à-dire, à vingt pas ordinaires de Lamothe, où je suis logé; Marie-Anne Camdegabe dût commencer à se plaindre en sortant de la basse-cour, et elle se crut morte dès qu'elle fut rentrée dans sa maison. Son mari effrayé, quoique très-courageux, vint demander à Marie Labarthe, quelle espèce de vin elle avait donné à sa femme; elle lui répondit que c'était de celui que j'avais reporté de la sacristie le samedi précédent. Dès que Marie Camdegabe en fut instruite, elle s'écria que c'était avec ce vin qu'on avait voulu m'emprisonner. Marie Labarthe voulut lui faire entendre que cela ne pouvait pas être, qu'elle avait donné le reste à Marie Salenave, qu'elle n'avait pas encore compris qu'elle en fût incommodée, qu'enfin la colique qu'elle éprouvait devait avoir d'autres causes.

Marie Labarthe se trompait, cependant, parce qu'elle n'avait pas encore ressenti l'effet des gouttes qu'elle avait avalées en le goûtant; elle le ressentit peu de tems après; mais elle fut détrompée auparavant par la demande que la fille de Marie Salenave vint lui faire sur l'heure, d'un peu d'eau-de-vie pour sa mère, disant qu'elle était presque morte par l'effet d'une colique qui la tourmentait. Heureusement, elle fut dans l'impossibilité de seconder ses désirs; elle n'eût pas même le courage de se transporter chez la seconde malade; son embarras et sa perplexité furent au-dessus de toute expression.

Voilà donc six autres personnes, saines et bien portantes, réduites aux abois pour avoir bu ou seulement goûté du vin des deux der-

niers bouteillons que j'avais reportés de la sacristie , où je les avais mis sous clef après les
avoir moi-même remplis tout comme les précédens : elles s'en sont plus ou moins ressenties
durant plusieurs jours. Il n'est pas possible que
vous puissiez ignorer des faits aussi publics ;
elles sont pleines de vie, vous êtes à-peu-près tous
les jours à portée de les interroger ; elles sont
assez judicieuses et dignes de foi ; elles ne
peuvent avoir aucun intérêt à mentir; elles at-
testeront par-tout la triste vérité de ces accidens,
en témoignage de la réalité de mon empoisonnement, qui aurait été plutôt découvert, si
Jeanne Canton , Jean et Jacques Lalanne, et
Marie Carrey eussent dit ce qu'ils avaient souf-
fert , peu de tems après avoir bu du vin qu'ils
vaient pris de leur abondant, ou qui leur avait
été donné de bonne foi.

Etant revenu le lendemain plus engourdi que
je ne l'étais avant mon départ, Jeanne Pats et
Marie Labarthe m'annoncèrent en tramblant,
ce que Marie-Anne Camdegabe et Marie Salenave avaient éprouvé. En voilà plus qu'il n'en
faut, leur dis-je , pour me faire découvrir enfin la cause des coliques qui me tourmentent
depuis mil huit cent quinze : je suis empoisonné
depuis cette époque, que Dieu veuille bien convertir mes lâches et sacrilèges assassins : je lui
offre le sacrifice d'un misérable reste de vie,
et de tout ce que j'aurai à souffrir jusqu'à mon
dernier jour, qui n'est peut-être pas bien éloigné : que la volonté du seigneur s'accomplisse ,
j'y suis entièrement soumis.

Je reçus en même-tems de la bonté divine
une telle abondance de consolations, que toutes
celles qui me furent prodiguées ensuite par une

assez grande multitude d'amis devinrent inutiles. Le seigneur m'a tellement consolé dans toutes mes tribulations, que je peux défier qui que ce soit de m'avoir jamais vu accablé de chagrin ; ni dans le cours de la persécution, ni depuis mon empoisonnement ; je peux dire en toute vérité, que je n'ai jamais eu le moindre sentiment de haine pour mes persécuteurs, ni pour les auteurs d'un si noir et si sacrilège attentat, et que je ne cesse point d'implorer la miséricorde divine en faveur de mes plus mortels ennemis.

Cependant dans la nuit du huit au neuf mai, c'est-à-dire quelques heures après avoir fait la découverte incontestable de mon empoisonnement, je ressentis au muscle pectoral et au paleron, des douleurs tellement aigües et accablantes vers une heure après minuit, que j'eus de la peine à faire entendre mes cris à Marie Labarthe qui souffrait de son côté, par l'effet du peu de vin empoisonné qu'elle avait humé le jour précédent. Au moyen des fers qu'elle avait fait réchauffer pour elle, et d'un chaudron d'eau qu'elle avait fait bouillir avec du son, je parvins à me soulager en y trempant les pieds, tout en me fesant moi-même et fesant faire des frictions avec les fers réchauffés à plusieurs reprises. C'est ainsi que la providence me fit trouver un soulagement considérable, sans le secours d'aucun officier de santé, je ne pouvais plus y tenir ; je ne trouvais aucune position, ma voix s'éteignait ; de sorte que sans les moyens opportuns qui furent employés, j'eusse été trouvé mort ou sans parole tout au moins.

Les douleurs s'appaisèrent au point que je

parvins à m'endormir ; mais à mon lever, je
sentis un engourdissement aux jambes et aux
pieds, comme s'ils eussent été très-enflés, quoiqu'ils ne le fussent point. Je fis prier M. Lapeyre, officier de santé, de se transporter chez
moi, ce qu'il fit incontinent. Jeanne Canton
l'avait consulté le jour même de son accident;
il n'ignorait pas ce qui était arrivé à Marie-Anne
Camdegabe et à Marie Salenave ; il avait pu
m'observer, après les crises que j'avais déjà
éprouvées un trop grand nombre de fois ; de
sorte qu'il fut bientôt persuadé de mon empoisonnement. Dans cette persuasion intime, il m'or-
donna d'abord l'usage du lait et de l'huile d'a-
mande douce, ainsi que de baigner souvent
les parties inférieures dans une décoction de
mauves et de bouillon blanc.

Voyant que ces remèdes n'arrêtaient point
les progrès de l'engourdissement des jarrets, des
pieds et des mains, que je ne pouvais presque
plus marcher ni écrire, et que je n'avais plus
de tact aux doigts ni aux orteils, quoique ma
voix fut rétablie, que je dormisse tranquillement
et que je n'éprouvasse plus de vomissemens, j'ex-
posai par écrit à M. Talamon le triste état où je
me trouvais réduit, en le priant de se transporter chez moi. S'étant rendu le 16 dans mon domicile, après m'avoir entendu et sérieusement exa-
miné, il me prescrivit la continuation de l'usage
du lait, l'application des sangsues, des frictions
à l'abdomen avec de l'eau canfrée, et aux pieds
avec de l'eau-de-vie devant un bon feu.

Quoiqu'il eût déclaré chez vous même, comme
par-tout ailleurs, qu'on ne pouvait point révo-
quer en doute l'horrible attentat commis sur ma
personne ; quoique tout le monde vît que je ne

pouvais plus marcher qu'au moyen d'une béquille, que j'allais tout courbé, que j'avais les
mains retirées, que j'étais défiguré, méconnais-
sable, en un mot; quoique les respectables curés
et desservans de Pau, de Nay, de Gan, de
Rébénac, d'Arros, de Sévignac, d'Asson, et
autres lieux, qui m'honorèrent de leur visite,
eussent déclaré par-tout qu'ils m'avaient trouvé
dans un état déplorable et sans espoir de rétablissement, tandis que la très-grande majorité
de mes paroissiens et un grand nombre d'an-
ciens amis que j'ai dans les environs, étaient
en prières et profondément indignés, les affidés
de l'empoisonneur s'efforçaient de publier le
contraire : quoiqu'aucun d'entr'eux n'ait étudié
en médecine, quoiqu'ils ne m'eussent pas fait
plus de visites que vous, ils soutenaient par-
tout qu'il était faux que j'eusse été empoisonné,
que je ne cherchais qu'à déshonorer la commune,
qu'à faire retomber l'énormité de cet attentat sur
quelqu'un qu'ils ne voulurent jamais désigner,
que j'avais d'autres maladies, que j'avais beau
dire enfin qu'on avait voulu m'empoisonner,
puisque je n'étais point mort.

Je vous avoue franchement que je regardais
comme auteurs ou complices, ceux qui s'obsti-
naient à soutenir le contraire, attendu que je
n'avais fixé mes soupçons sur personne dans
aucun de mes propos. Si mes ennemis eussent
été plus adroits, non-seulement ils m'auraient
fait quelques visites, mais encore ils auraient
eu soin de se prononcer contre un pareil attentat, au lieu d'entreprendre si mal-à-propos
de le ré voquer en doute, d'insulter à mon malheur et de me charger de calomnies aussi atroces
que grossières. Ils se sont fait le plus grand

tort, ils se sont démasqués tout en cherchant à se déguiser par leur imprudence bien marquée, ils ont fait revivre le souvenir d'autres attentats, et dire que l'empoisonneur devait être plus ou moins exercé....

Si tous ceux qui ont le malheur d'avaler du poison devaient en mourir, il eût été inutile d'indiquer des remèdes pour guérir les empoisonnés. Vous aurez pu lire dans le mémorial béarnais du 25 novembre dernier, que la malheurese femme du sieur Sage, de Gan, avait été empoisonnée deux fois sans qu'elle en fût morte. Heureusement pour moi l'empoisonneur du vin que je tenais dans la sacristie, n'a pas pu me faire avaler du fiel de vipère et du chien de mer qui tuent soudain, quelque peu qu'on en prenne; il se peut même qu'il n'aurait pas eu l'audace d'en user pour certaines raisons : un poison lent a dû lui paraître plus propre à faire croire que ma mort serait attribuée à la maladie qu'il me fesait imputer, pour écarter toute idée de son horrible attentat.

Quoiqu'il en soit, on n'ignore pas que Mithridate, Roi de Pont, fit long-tems usage des poisons les plus subtils, et que lorsqu'il voulut s'empoisonner tout de bon, il ne le put point, à cause du fréquent usage qu'il avait fait de l'antidote qui porte son nom. Les méchans ne parviennent pas toujours à effectuer leurs projets pernicieux ; la providence conservatrice leur oppose souvent des obstacles que leur malice ne saurait surmonter : avec la somme entière de leur barbarie, ils ne sauraient parvenir à faire tomber un seul des cheveux de notre tête sans sa permission. Nous savons ce que l'évangile promet aux vrais croyans : s'ils boivent quel-

que poison mortel , dit le Sauveur, il ne leur
fera point de mal. Je crois avoir ressenti l'effet
de cette promesse , puisque j'en ai avalé cent
fois , sans avoir pu être arraché du nombre des
vivans.

Le Dieu qui m'a fait constamment triompher
des poursuites et de la rage des ennemis des
autels et du trône , durant tout le cours de la
révolution, les a voulu confondre de nouveau ,
en ne permettant point qu'après avoir toujours
combattu les ennemis de la foi et des mœurs ;
restauré le calvaire de Bétharram , fait cons-
truire et réparer plusieurs autels, donné quinze
missions , prêché plusieurs carêmes , avents
et octaves , dans les trois départemens qui com-
posaient le trop vaste diocèse de Bayonne, je
fusse réputé avoir honteusement terminé ma
carrière; ce qui serait arrivé , néanmoins, si les
vœux de mes perfides et mortels ennemis , eussent pu avoir leur funeste et calomnieux ac-
complissement.

Dans leur excessive impudence, pour ne point
dire dans leur désespoir , ils ont entrepris de
me faire un crime d'avoir dit comment j'avais
été empoisonné, en supposant que je ne l'avais
fait que dans le dessein criminel de porter
quelque atteinte à la réputation de quelqu'un.
La lettre que je crus devoir faire parvenir à
M. l'abbé Boyer, vicaire général, en date du
16 mai , sera toujours une preuve incontestable que je me crus aussi réellement empoisonné
que je l'étais, malheureusement pour moi : vous
en jugerez vous-même ; en voici la teneur.

« Monsieur , ne pouvant presque plus mar-
» cher ni écrire, je dois me servir d'une main
» étrangère, pour vous remercier des démarches

» que vous avez bien voulu faire à mon oc-
» casion, et dont je vous saurai toujours gré,
» quoiqu'elles n'aient point eu l'effet que j'en
» attendais:

» Vous savez en partie ce que mes ennemis
» ont ourdi et tramé contre moi ; mais vous
» ignorez le coup de grâce qu'ils ont voulu me
» porter; ce n'est que par le secours de la pro-
» vidence que je suis parvenu à le découvrir
» depuis quinze jours.

» On vient de m'écrire du département des
» Hautes-Pyrénées, que Mgr. l'Évêque avait
» autorisé ma réunion à deux autres ecclésias-
» tiques, MM. Polito, recteur d'Audos, et Ca-
» senavete, curé de Juncalas, aux fins d'y
» donner des missions qu'on leur demande de-
» puis long-tems; mais je pense que je ne pour-
» rai plus jouer aucun rôle dans ces exercices,
» quoique j'eusse préparé des matériaux pour
» y parler soixante fois, sur les différens sujets
» qu'on y traite ordinairement. Je ne serai plus
» bon désormais qu'à couler des jours tristes
» et languissans : mes ennemis ont trouvé, dans
» leur malice, le moyen sacrilège et révoltant
» de me faire avaler du poison, dans la con-
» sommation des espèces eucharistiques, en le
» mettant dans le vin dont j'usais à l'autel.

» Tel est, Monsieur, l'unique et véritable
» cause des coliques d'estomac que j'ai éprou-
» vées pendant plus de quinze mois, et pour
» la guérison desquelles vous me permîtes
» d'aller prendre les eaux de Cauterets. C'était
» plutôt du lait et d'autres antidotes que j'aurais
» dû employer, si j'eusse connu, comme au-
» jourd'hui, la cause de mon mal. C'est parce
» que j'en avais quelque soupçon, que j'avais

» pris le parti de ne plus confier la clef de la
» sacristie à toute sorte de gens. On m'avait
» conseillé de prendre d'autres précautions ;
» mais en vain, la trop bonne opinion que
» j'avais des méchans m'a trompé.

» Si on eût bien voulu m'accorder la grâce
» que j'ai demandée plusieurs fois, je n'en
» serais pas où j'en suis ; on a mieux aimé
» me laisser exposé à l'envie de mes persécu-
» teurs devenus mes assassins ; que leurs aveu-
» gles protecteurs se glorifient de les avoir si
» bien servis, ou plutôt qu'ils en rougissent
» jusqu'au blanc des yeux. Je n'en ai jamais
» cherché pour triompher de mes adversaires,
» parce que je ne croyais pas en avoir besoin
» étant sûr de la bonté de ma cause dans
» toutes les circonstances, et comptant sur la
» justice de ceux qui n'auraient pas dû sui-
» vre l'impulsion de l'iniquité qu'on leur a fait
» donner, à force de calomnies, d'argent et de
» présens.

» Abandonné donc de ceux qui auraient pu
» me mettre à l'abri des entreprises des mé-
» chans, je ne chercherai plus de consolation
» chez les hommes, Dieu m'en a fait trouver
» assez dans les trente-cinquième et trente sixiè-
» me chapitres du troisième livre de l'imitation de
» Jésus-Christ. Je vous demanderai seulement
» le secours de vos prières, ainsi que la grâce
» de me croire pour la vie avec les sentimens
» d'un profond respect, Monsieur, votre très-
» humble et très-obéissant serviteur. »

M'ayant fait appliquer les sangsues, qui mou-
rurent peu de tems après, j'écrivis à M. Talamon pour lui demander s'il serait bon d'en
faire appliquer d'autres aux jambes et aux pieds,

et si le lait de vache pourrait servir à défaut
de celui de chèvre; il m'honora d'une réponse,
en date du vingt-un, qui sera plus propre à
dissiper les doutes relatifs à mon emposionne-
ment, que vous aviez déjà manifestés chez
M. de Livron de Saint-Abit, en présence de
M. le baron d'Espalungue d'Arros, Laborde
de Pontacq, docteur en médecine, et autres
personnes distinguées dans le pays : en voici
copie exacte ; ruminez-la bien à votre loisir,
et vos doutes disparaîtront.

« Je m'empresse de répondre, M. R. P., à
» votre dernière lettre, pour vous tranquilli-
» ser au sujet de votre empoisonnement, sur
» lequel les accidens que vous éprouvez, ainsi
» que la réunion des circonstances que vous
» racontez, ne laissent aucun doute. On a de
» la peine à se figurer un tel attentat, que la
» perversité la mieux combinée a seule pu con-
» cevoir et exécuter.

» Votre estomac est le premier organe af-
» fecté, et comme il a toujours eu beaucoup
» d'énergie, il a promptement rejeté par le
» vomissement, le corrosif qu'il recevait à pe-
» tites doses. Il en passait une plus ou moins
» grande quantité dans le reste du canal ali-
» mentaire ; mais elle était aussitôt rejetée par
» les dévoiemens que vous avez éprouvés à di-
» verses reprises. De l'irritation produite sur
» ces principaux organes de la digestion, pro-
» cèdent les crampes et l'engourdissement qui
» affectent les jambes, ainsi que les extrémités
» supérieures et inférieures.

» Vous devez vous attacher à détruire les ef-
» fets de cette irritation, en remédiant à l'aridité
» du velouté de l'estomac, ainsi qu'à la sé-
» cheresse des glandes qui le tapissent : je vous

» conseille en conséquence des frictions aux
» pieds avec de l'eau-de-vie chaude, et devant
» un bon feu ; l'usage du lait pour principal
» aliment ; un régime végétal dans lequel le
» sel ne figurera qu'autant qu'il sera nécessaire
» pour relever l'incipidité des alimens ; les bains
» tièdes et l'exercice à cheval. Vous prendrez
» aussi avant les bains, la manne que je vous
» envoie, en la faisant fondre dans un verre
» de lait : vous m'instruirez de l'effet qu'elle
» aura produit.

» Puisque vous avez abondamment du lait
» de vache, il ne faut pas songer à la chèvre.
» Les sangsues aux pieds sont inutiles, les fric-
» tions et les bains les remplaceront avanta-
» geusement. Avec ces remèdes et à la faveur
» d'une forte trempe dont le Seigneur vous a
» doué, tant au moral qu'au physique, vous
» déjouerez les complots des scélérats. Tout à
» vous. »

Pendant que je pratiquais ces remèdes, à
l'exception de l'exercice à cheval qui m'était im-
possible, à cause de l'engourdissement où je me
trouvais réduit ; pendant que les amis de Les-
telle, de Pontacq, de Nay, de Pau et de bien
d'autres lieux, me faisait des exprès pour s'in-
former de mon triste état ; pendant que les ec-
clésiastiques du voisinage et mes bons paroissiens, en grand nombre, s'empressaient de me
prodiguer leurs consolations, confus et enragés
de me voir encore en vie, l'empoisonneur et
complices s'efforçaient de ternir ma réputation,
en vomissant des horreurs au sujet de mon in-
firmité, pour écarter, s'il leur eût été possible,
tout soupçon d'empoisonnement.

Comme rien ne peut être plus important pour
un pasteur qu'une bonne réputation, sachant

que St Jean Chrysostome, atrocement calom-
nié par les ennemis de la religion et des mœurs,
avait cru devoir faire l'offre de se blanchir par
l'exposition de son corps exténué ; pour confondre mes calomniateurs, je crus de mon côté
devoir déclarer au prône, qu'ils n'avaient qu'à
faire venir à leurs frais les plus fameux officiers
de santé qu'ils pourraient découvrir, que je leur
permettrais, non-seulement de revisiter le mien,
mais encore de publier par-tout les maladies que
je pourrais avoir eues, suivant leurs pronostics,
autres que celle dont je me trouvais atteint. Rem-
barrés par ce défi, bien loin d'en faire venir
quelqu'un, ils se sont moriginés quelque peu,
et mes paroissiens ont vu avec plaisir, que
le caquet des calomniateurs avait été rabattu.

Après avoir pris douze bains domestiques,
je partis pour Cauterets sur un char jusqu'à
Coarrase, où je pris la voiture de Vignau. Ne
pouvant presque point marcher, je dus me faire
porter à la Raillière et à Pause, et célébrer dans
un oratoire particulier pendant trois semaines.
Je me traînai ensuite jusqu'à l'église et jusqu'aux
bains de Bruzaud, au moyen d'une béquille.
J'étais cependant plus ingambe que le sieur La-
moulère d'Auch, qui était presqu'entièrement
perclus, quoiqu'il n'eût été empoisonné qu'une
fois, et qui se fesait porter à Pause, où il se
rétablit au point de se tenir debout et de marcher quelque peu.

M. Labat aîné, médecin à Paris, Labat jeune,
médecin inspecteur à Cauterets, Camus, médecin à Montpellier, et divers autres docteurs
étrangers que j'eus l'honneur de voir et de
consulter, trouvèrent que j'avais été bien traité
par M. Talamon de Nay ; ils reconnurent comme lui que je devais mon salut à l'énergie de

mon estomac, et à la vigueur de mon tempérament. On a regardé en général comme une espèce de prodige, que je n'eusse pas entièrement succombé aux accidens mortels que j'avais éprouvés tant de fois ; et l'on s'est accordé par-tout à dire que, sur cent autres, il n'en eût peut-être pas échappé deux.

Quoique je ne pusse pas encore aller sans bâton, ni monter à cheval, après avoir pris trente-six bains, on me conseilla de me retirer jusqu'à la seconde saison. Je m'en fus donc à Pontacq où je trouvai autant d'amis que d'habitans, et où je continuai à pratiquer des remèdes, sous la direction de M. Laborde, qui ne douta plus de mon empoisonnement, dès qu'il m'eut vu et entendu chez M.me de Gomer, quoique vous lui eussiez fait entendre le contraire chez M. de Livron, quelques jours avant mon départ pour les eaux. Pour vous en convaincre, je vais exposer à vos yeux l'ordonnance qu'il voulut bien me donner, en date du 24 août, avant mon départ pour Pau.

« D'après le rapport qui nous a été fait,
» dit-il, par M. le desservant de Bosdarros,
» je ne doute point qu'il n'ait avalé depuis long-
» tems, et d'une manière assez habituelle, quel-
» que substance irritante, peut - être même
» corrosive de sa nature. Car, à quoi pourrait-
» on attribuer les symptômes qui se sont montrés
» chez lui depuis plus de quinze mois? les vo-
» missemens qui le tourmentaient chaque matin
» après la messe, celui qu'ont éprouvé toutes
» les personnes qui ont bu du reste du vin
» qu'il avait reporté de l'église ; les angoisses
» de l'estomac et les douleurs sourdes qu'il res-
» sentait dans cet organe, pour lesquelles il
» m'avait consulté depuis plusieurs mois, ne

» permettent pas de douter de quelque qualité
» délétaire dans le vin qu'il buvait en disant
» la messe. Ce qui doit encore confirmer dans
» cette vraisemblance , c'est qu'il n'a plus
» éprouvé les mêmes accidens de la part de
» l'estomac, depuis qu'il a pris la précaution
» de ne plus laisser son vin dans l'église pen-
» dant plusieurs jours. Quoiqu'il se trouve bien
» soulagé d'après les remèdes dont il a fait usa-
» ge, et des eaux de Cauterets, il lui reste
» encore un engourdissement aux extrémités
» inférieures , et des tiraillemens musculaires,
» suite infaillible des ravages du caustique sur
» les nerfs de l'estomac et du tube intestinal.

» C'est d'après ces considérations , que j'es-
» time qu'il ne saurait mieux faire que d'obser-
» ver, pendant quelque tems , un bon régime;
» se nourrir , principalement, de lait et de
» farineux , et de revenir à Cauterets dans la
» dernière saison. »

Ayant eu l'honneur de voir M. Despruets
chez Mme la marquise d'Esquile, à Pau, ce
docteur fut également d'avis que je revinsse à
Cauterets dans la seconde saison , après avoir
reconnu que j'avais été bien traité jusqu'alors ,
depuis la découverte de mon empoisonnement,
dont il ne douta point.

Saisies d'horreur et d'indignation au simple
récit d'un tel attentat , plusieurs personnes distinguées de Pau et des environs , auraient
voulu que je l'eusse dénoncé aux magistrats de
sûreté; mais dans le doux espoir d'ajouter encore quelques missions à celles que j'ai don-
nées avant et depuis la révolution , je n'ai pas
voulu m'exposer aux reproches de n'avoir point
prêché d'exemple, le pardon des injures et
l'amour des ennemis. La vindicte publique ne

m'aurait pas délivré , d'ailleurs , des funestes effets du poison , et j'aurais perdu tout espoir de ramener l'empoisonneur, pour le retour duquel je ne cesse point d'implorer la miséricorde divine.

J'ai été plus attentif à chercher les moyens de guérir , qu'à poursuivre les auteurs de mes infirmités. En exécution des ordonnances des médecins les plus accrédités , je revins à Cauterets , au commencement d'octobre dernier. Les vingt-deux bains que j'ai pris à Bruzaud m'ont fait le plus grand bien , quoique mon hôtesse n'ait pas jugé à propos de faire connaître mon pot à la personne qui en était en peine, pour me l'assaisonner , et que votre dondon ait affecté de s'y rendre en même-tems pour en empêcher l'effet , en y chantant des chansons et tenant les propos les plus diffamatoires contre son légitime pasteur, pendant que d'autres lui faisaient parvenir des anonimes dont elle semblait être l'écho.

Considérant que c'était peu de chose en comparaison de ce que les impies s'étaient permis contre les prophètes, contre le Sauveur même, contre les apôtres, contre les plus grands Saints, je pris le parti de souffrir, à leur exemple , tout en gémissant sur les égaremens d'une mégère qui s'affichait aux yeux des gens honnêtes et pieux , pour une personne dépourvue de religion et de sentimens.

Quoiqu'aucun de mes paroissiens ne doutât plus de la réalité de mon empoisonnement, elle eut l'impudence de me soutenir le contraire chez M. Biasson, en présence de plusieurs personnes; ajoutant que je déshonorais la commune de Bosdarros , en disant que j'y avais été empoisonné , et que si je l'eusse été réellement,

je n'y serais pas revenu. Je vous avoue franchement que je fus tenté de croire qu'on avait
dû lui faire le bec, sans pouvoir deviner à quelles
fins , ni pourquoi elle s'opiniatrait à soutenir
que je n'avais pas été empoisonné.

Comme s'il ne m'eût point été permis d'indiquer le lieu où je croyais avoir pris le mal,
quelques particuliers ont prétendu que je fe-
sais du tort à la commune , en disant que
j'avais été empoisonné à l'autel pendant plus
de quinze mois. N'étais-ce pas plutôt l'empoisonneur qui lui faisait le plus sanglant des
affronts, en empoisonnant son légitime pasteur ?
Telle a été la pensée de tous les habitans sen-
sibles et judicieux : assurément personne ne
pourra jamais se figurer, hors de Bosdarros ,
que mille huit cents habitans aient pu s'intro-
duire chaque semaine dans la sacristie, depuis
le commencement de 1816 jusqu'aux premiers
jours de mai 1817. Quand au chantre et au
sacristain , ils seront toujours à l'abri de tout
soupçon , au moyen des vomissemens qu'ils
éprouvèrent le vingt-neuf avril dernier , peu
de tems après avoir goûté de leur propre mouvement , le vin que j'y tenais.

Je suis bien sûr que mes paroissiens demeu-
rent persuadés en général , que je ne les ai
jamais cru capables d'un pareil attentat ; ils
en sont profondément indignés , ils en gémiront
le reste de leurs jours ; mais ils n'en seront
pas déshonorés , quand même l'empoisonneur
serait bien reconnu pour être leur compatriote ;
parce que les fautes sont personnelles, et qu'on
ne peut point conclure du particulier au général. S'il avait pu me joindre en quelque lieu
profane, ou trouver des assassins dans la commune, il n'aurait pas entrepris de m'empoisonner

à l'autel. On sait d'ailleurs que la perfidie de Judas n'a pas réjailli sur les autres apôtres, ni les atrocités de quelques révolutionnaires, sur la plus saine partie des bons français qui ont voulu tout souffrir, plutôt que de prendre la moindre part aux excès de la révolution.

Voulant jouer de leur reste, quelques pirrhoniens formés à votre école, se sont retranchés sur mon retour à Bosdarros, dans l'espérance d'y faire apercevoir une preuve que je n'y avais pas été empoisonné. Je vais tâcher de les en débusquer, et de les contraindre à crier aux montagnes voisines de tomber sur eux, afin de couvrir leur honte et leur confusion s'il était possible ; mais quand même ils ne paraîtraient plus sur la terre, leur pirrhonisme n'y demeurerait pas justifié ; tout le monde y reconnaîtrait qu'ils n'auraient pu choisir plus mal, pour parvenir à leur but.

Pourriez-vous ignorer, Monsieur, que l'Apôtre ne laissa point de continuer sa route vers Jérusalem, quoique l'Esprit Saint lui eût révélé plusieurs fois qu'il y serait persécuté? Quoique je n'ignorasse point que, pendant que je continuais mes remèdes à Pontacq, un forcené avait dit à Bosdarros que je devrais y être lapidé, si j'avais l'audace d'y revenir; quoiqu'on m'eût fait menacer de coups de fusil par l'anonime qui m'était parvenu à Cauterets le dix-sept octobre; quoique je n'eusse point perdu de vue les motifs de l'assassinat de feu M. l'abbé Darros, curé-desservant de Louvie ; ni ceux de la décolation de Saint Jean-Baptiste; quoique mes amis en général m'eussent conseillé de ne plus m'exposer à la fureur de mes ennemis, je n'ai pas cru devoir leur donner la saisfaction de ne plus me voir, ni justifier les épithètes qu'ils m'ont prodiguées dans leur anonime, ni abandonner lâchement mes très-chers paroissiens.

Je savais depuis long-tems qu'un bon pasteur doit avoir le courage de donner sa vie pour le salut de son troupeau ; et j'étais persuadé que la plûpart de mes paroissiens redoublaient leurs vœux pour mon retour , aussi bien que pour le rétablissement de ma santé. Il se peut que bien d'autres, à ma place , auraient préféré les postes agréables qui m'avaient été offerts ; ce que je n'aurais pu faire cependant sans passer pour lâche, à cause des persécutions que j'avais éprouvées et des menaces qu'on m'avait faites, et pour un mercenaire intéressé , attendu que je ne reçois plus aucun supplément de la commune depuis trois ans.

Je me tiens toutesfois pour bien averti ; je m'attends à tout de la part des ennemis de l'ordre , de la religion et de l'humanité , jusqu'à ce qu'ils aient été réprimés ; mais je ne me déconcerte pas encore , persuadé qu'il vaut mieux mourir avec honneur que de vivre dans l'ignominie. Je suis plus éloigné qu'on ne pense de vouloir conserver un misérable reste de vie , aux dépens de mon honneur et de mon salut. Mes ennemis peuvent être assurés que je ne crains rien tant que de ne point remplir mes devoirs envers mon troupeau chéri , et de ne point faire assez pour être un jour à l'abri des reproches du Souverain Pasteur.

En supposant même que j'eusse pu être assez lâche, assez mercenaire, assez intéressé , pour chercher ailleurs plus de fortune , d'aisance et de sécurité , qui aurait voulu profiter de mon ministère, après avoir été déprécié par votre donzelle-ingrate et furibonde ? Si , mieux endoc-

trinée , elle eût eu l'adresse de me préconiser
au contraire , j'aurais pu avoir la confiance de
m'en aller ailleurs , comme j'eus l'honneur de
le lui observer à Cauterets ; mais , tout bien
considéré , j'ai reconnu que mon meilleur parti
à prendre serait de revenir à Bosdarros , où
nous sommes mieux connus l'un et l'autre que
partout ailleurs.

Pour la satisfaction de deux ou trois familles ,
qui ne savent guère ce qui leur convient en fait
de religion , devais-je en abandonner plus de trois
cents qui soupiraient après mon retour , et qui
l'ont vu avec la plus grande satisfaction ? Devais-
je abandonner mille huit cent paroissiens dociles
à mes instructions , et qui s'approchent par cen-
taine de la table sainte , dans les principales
solennités de l'année , après m'avoir honoré
de leur confiance au sacré tribunal ? Eût-il été
bien juste que tant d'innocens eussent dû souffrir
à cause d'un très-petit nombre de coupables ?

Il est écrit que tous ceux qui voudront agir
en bons chrétiens seront persécutés par les impies :
nous savons pourquoi les prophètes , les apôtres
et leurs dignes successeurs l'ont été ; et nous ne
pouvons pas ignorer que ceux qui souffrent persécution pour la justice , sont mis , dans l'évangile , au nombre des bienheureux.

Je devais donc revenir à Bosdarros , pour mon
honneur et celui de mes paroissiens , pour leur
salut et pour le mien ; pour soutenir les uns
dans la voie de la justice , et pour arracher les
autres de la voie de perdition. C'est pour cela
que j'y fus envoyé en 1810 ; c'est pour cela que
les supérieurs m'y laissent ; c'est pour cela que
je dois y rester jusqu'à nouvel ordre , malgré
les menaces et les entreprises des méchans.

Quoique la conversion des hommes pervers

soit très-difficile , suivant le sage , et qu'il faille plus que des miracles pour convertir des impies devenus scélérats , je ne désespérerai pas néanmoins de la conversion de mes plus cruels persécuteurs tant qu'ils conserveront un souffle de vie : il n'y a que les démons et les damnés qui ne peuvent point se convertir.

J'ai eu la consolation de voir prosternés à mes pieds au sacré tribunal , plusieurs révolutionnaires qui m'avaient persécuté plus ou moins. La miséricorde divine est infiniment plus étendue que l'énormité des crimes les plus affreux. Il n'en est aucun dont on ne puisse obtenir la rémission , au moyen d'une contrition sincère , accompagnée d'une résolution ferme de ne plus récidiver , et d'une satisfaction proportionnée à l'offense faite à Dieu et au prochain.

Le crime du misérable qui a tenté tant de fois de m'enlever du nombre des vivans , est sans-doute des plus énormes et des plus humilians pour le christianisme ; c'est un attentat impie et sacrilège , prémédité à loisir , exécuté , réitéré plusieurs fois dans le lieu saint , dirigé contre ce qu'il y a de plus sacré ; scandaleux et nuisible de tout point, inouï , en un mot , et très-difficile à réparer.

C'est un cas extraordinaire qui doit être soumis à la décision des supérieurs : hors le danger de mort , quel prêtre oserait absoudre d'un tel crime un pénitent quelconque , sans les avoir consultés ? Le crime est énorme , mais il n'est pas irrémissible : je pense que le coupable pourrait en obtenir la rémission , si , par l'effet d'une componction profonde , il pouvait se résoudre à se retirer au fond de quelque solitude , pour y pleurer amèrement le reste de ses jours, après avoir consacré ce qu'il possède à la réparation du tort qu'il a fait, au soulagement des pauvres, et à la décoration du temple qu'il á profané.

Si la présente venait jamais à être rendue publique par la voie de la presse, je supplierais les lecteurs de joindre leurs vœux aux miens, pour obtenir de la miséricorde divine ce prodige de conversion. Je leur demanderais aussi la même grâce en faveur des calomniateurs qui ont entrepris de m'enlever la vie civile, pendant que l'empoisonneur s'efforçait de m'ôter la vie naturelle. Les uns et les autres sont dans un état déplorable et digne de compassion.

Quoique mon estomac n'ait plus été dérangé depuis la découverte de leurs attentats ; quoique mon sommeil ne soit jamais interrompu par des douleurs quelconques ; quoique ma voix soit aussi sonore et aussi forte qu'auparavant, je sens néanmoins encore les effets du poison dans les mains, les jambes et les pieds, et je ne dois pas me promettre d'en guérir radicalement.

Je dois néanmoins d'éternelles actions de grâces au ciel d'avoir pu découvrir, quoique tard, la cause de ma longue et violente maladie, ainsi que les remèdes dont les effets ont surpassé mon attente. Toujours pénétré de mon malheur, je dois féliciter un quidam de ce que l'empoisonneur ne s'est point mépris à son préjudice...... Je préfère, malgré tout, ma position à la sienne ; soyez en persuadé, ainsi que des sentimens distingués avec lesquels j'ai l'honneur d'être votre dévoué serviteur.

J. SEMPÉ, *Desservant.*

A Bosdarros, le 10 janvier 1818.

A Pau, de l'Imprimerie de Veronèse.